AF296457

LA GALERIE

DE

L'ACADÉMIE ROYALE

DE MUSIQUE,

CONTENANT

*Les Portraits, en Vers, des principaux sujets,
qui la composent en la présente année 1754.*

DÉDIÉE

A Jean Jacques Rousseau de Genève,
Copiste de Musique, Philosophe, Orateur,
Grammairien , Historien , Théologien ,
Mathématicien, Peintre, Poëte, Musicien,
Comédien , Medecin , Chirurgien , Apo-
ticaire , &c. &c.

*Par un zélé partisan de son système sur la
Musique Françoise.*

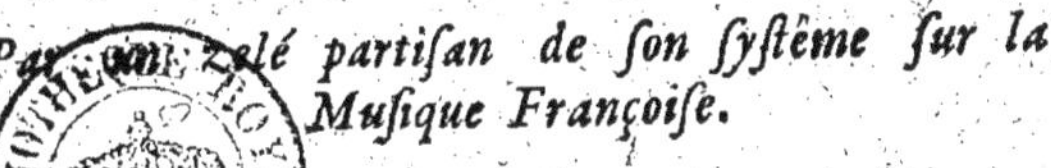

M. DCC. LIV.

EPITRE DÉDICATOIRE.

VOUS dédier, Monsieur, des portraits, qui font l'éloge des principaux sujets de l'Académie Royale
de Musique, n'est-ce point un quiproquo ?
Y pensai-je bien, & dois-je compter sur
votre suffrage pour des Eloges, que vous
avez démentis d'avance ? Non sans doute je
ne me trompe pas. Vous n'êtes point l'ennemi de ces Musiciens, mais seulement celui de
la prévention. Ce n'est pas leurs personnes
que vous attaqués. C'est notre mauvais goût
que vous voudriez corriger : & s'il est possible d'y réussir, vous êtes bien homme à le
faire. Le rang important, que vous avez pris
vous-même au Parnasse, vous donne, Monsieur, à juste titre, le droit singulier de décider de tout. Vous êtes devenu célébre par des
observations critiques, qui avoient échappées
jusqu'à présent à nos plus grands connoisseurs.

A ij

Les Maîtres de l'Art les plus fameux, & de
la réputation la mieux établie, avoient vaine-
ment travaillé avec peine toute leur vie, sans
savoir ni ce qu'ils faisoient, ni ce qu'ils pouvoient faire : & vous, Monsieur, sans applica-
tion, sans connoissance, par un pur instinct,
vous découvrés avec sagacité, du premier coup
d'œil, & ce qu'ils n'ont pas fait, & ce qu'ils
ne feront même jamais. On croyoit avoir en
France une bonne Musique & d'excellents
Musiciens. Vous quittez par hazard votre Pa-
trie, qui ne s'étoit pas apperçu de vos talents.
Vous ne faites que parcourir l'Italie. Vous y
prenez dans l'instant les principes les plus ré-
flechis, le goût le mieux décidé. Vous sentez
dès-lors toute notre ignorance en fait de Musique. Vous avez le courage de vouloir nous
éclairer. On vous acueille favorablement, sans
savoir encore les obligations qu'on alloit vous
avoir. La France vous prodigue d'avance ses
bienfaits & ses caresses. Vos engagemens à ne
pas laisser plus long-temps cette Nation dans
l'erreur vous en paroissent d'autant plus forts.
Quelque plaisir que lui puisse faire son illu-
sion, vous lui faites sentir, qu'il est encore
plus avantageux de connoître son erreur. Nous
perdons, à la vérité, en un instant un talent
que nous croyions avoir. Mais nous acquérons
en même-temps, une connoissance bien importante, qui nous manquoit. Si l'Artiste dispa-

roit, vous formez à la place des hommes rai-
sonnables. Nous n'avons plus de Muficiens,
mais nous devenons tous Philofophes : & comme vous le dites très-élégamment, dans votre
Avertiffement, *il feroit ridicule de faire plus de
cas de fes Muficiens que de fes Philofophes.*

Vous ne vous êtes point diffimulé, Monfieur, l'étonnante difficulté qui fe trouve à dé-
tromper une Nation entiere de fes anciennes
erreurs, furtout lorfqu'elles paroiffent flater
également fa vanité & fon plaifir. Auffi, pour
le faire avec fuccès, avez-vous pris le ton
ferme & haut qui convenoit. Ce ne font pas
des doutes que vous nous avez préfentés. Peut-
être les euffions-nous décidés en nôtre faveur.
Ce font des vérités certaines, inattaquables,
auxquelles vous nous avez dit imperieufement
qu'il n'étoit pas poffible de fe refuser : & quelque peu intelligible que foit votre differtation
dans les termes, quelque louches même que
fe trouvent les principes que vous y établiffés,
l'autorité que vous vous êtes donnée, le ton
de Maître, que vous avez fi bien fu prendre,
ne nous ont pas même laiffé la liberté de l'e-
xamen. Quel étrange effet de la fuperiorité du
génie ! Quelle preuve moins équivoque de
l'éminence des Talents ! Auffi, Monfieur, ces
brillants fuccès vous ont donné un fi grand af-
cendant fur nos efprits, que nous fommes dif-
pofés à nous foumettre à vos décifions fur

toutes les matieres, que vous êtes devenu notre Oracle en tous genres, & qu'en parlant
d'un homme qui fait tout, qui fait tout, qu'il
faut croire fur tout, on ne dira plus comme
on le faifoit autrefois baffement, c'eft *un Mi-
chel Morin*, mais on dira avec une noble énergie, c'eft *un Jean Jacques*.

Quelle plus bruiante & plus rapide réputation a donc jamais mieux rendu quelqu'un,
un homme à Epitre Dédicatoire ? C'eft ici
l'hommage de la vénération publique que je
viens vous porter, Monfieur. Je le fais d'autant plus volontiers, que je fuis un de ceux
que vous avez le plus promptement & le plus
victorieufement foumis. Vous verrez par ces
éloges ce que je penfois de cette Académie ;
& ces éloges étoient alors finceres. C'étoit
l'ouvrage du fentiment le plus naïf, du goût
le mieux décidé. Mais après vous avoir lu,
fans avoir même befoin de méditer, de réfle-
chir, j'avoue dans l'inftant la groffiereté de
mon erreur. Je l'abjure publiquement : &
pour vous faire connoître tout l'avantage de
votre triomphe, je vous foumets avec plaifir
les héréfies que je profeffois. Vous êtes, Monfieur, mon Miniftre, mon Synode, mon tout.
Vous offrir le preftige de mes anciennes erreurs, c'eft vous faire fentir la force de votre
docte perfuafion & l'empire de vos lumieres.
Par ce que j'étois, & par ce que je fuis devenu, jugés de ce que vous êtes.

Ne croyez pas cependant, Monſieur, que votre ſiſtême, quelque ſolide & quelque démontré qu'il ſoit, ait réuni tous les ſuffrages en ſa faveur. Les vérités les plus lumineuſes trouvent des contradicteurs : & la ſuperiorité de votre mérite, l'univerſalité de vos connoiſſances vous en doivent naturellement oppoſer plus qu'à un autre. Mais auſſi avec quel zele & avec quelle vivacité vos Proſelytes ſavent-ils vous défendre ? J'oſe dire, Monſieur, que perſonne ne s'y porte avec plus de vigueur que moi. Sans m'embaraſſer des raiſons que l'on m'oppoſe, je veux que la votre ſoit toujours la bonne.

Je vous dois donc, Monſieur, le compte exact & intereſſant d'un de ces combats vifs, qu'il m'a fallu ſoutenir pour vous ; & je ne puis m'empêcher en même-temps de vous expoſer les doutes que ces combats trop réiterés m'ont fait naître. Ce détail eſt un peu long ; mais il ne vous ſera pas inutile. Il eſt bon que vous connoiſſiez combien la ſouveraine Raiſon même a d'ennemis. Je ne vois que vous, Monſieur, qui les puiſſiez dompter : & c'eſt un effort dont vous êtes encore redevable à une Nation que vous daignez protéger.

Je me trouvai à ſouper, il y a quelques jours, en fort bonne compagnie chez un de mes amis. Il y avoit un Muſicien de l'Orcheſtre de l'Opera. A la fin du repas la Maitreſſe

de la maifon chanta. Sa voix eft charmante.
Ce Muficien l'accompagnoit. Tout le monde
aplaudit. Je fus le feul, Monfieur, qui ne parut
pas m'en amufer. C'étoit de la Mufique Françoife, & malheureufement pour mon plaifir,
je venois précifément de vous lire. Quelques
jours auparavant j'aurois été enchanté. Il me
fut impoffible de ne pas rendre compte de mon
fentiment. Tel eft l'effet de la forte perfuafion.
On ne fauroit diffimuler ce dont on eft pleine-
ment convaincu. Je voulus cependant ménager
leur amour propre. Je reconnus leurs talents.
Je les plaignis feulement de ne favoir que de la
Mufique Françoife. Cette obfervation leur
parut fort finguliere. Où fommes-nous donc,
me dirent-ils ? Et dans ce pays quelle autre
Mufique devions-nous apprendre d'abord ?
Ce n'étoit pas la Françoife, leur repliquai-je.
Il eft vrai que cet ufage a été univerfellement
fuivi jufqu'à préfent. Mais il n'en eft pas moins
un mauvais ufage.

Voyez, Monfieur, quelle eft la force du
préjugé. A ce premier raifonnement feul je vis
toute la compagnie, qui étoit affez nombreu-
fe, fe regarder, parler tout bas. Je m'apper-
çus que ceux qui ne me connoiffoient pas, de-
mandoient qui j'étois. Ceux dont j'étois con-
nu s'informoient de ce qui m'étoit arrivé, par
quelle aventure, & depuis quand mon efprit
s'étoit dérangé. En un mot, Monfieur, tout

le monde me prit pour un fou, pour un extra-
vagant, pour un insensé, pour un homme à
enfermer. Les uns me plaignoient. Les autres
se moquoient de moi. Je fus ravi, charmé,
enchanté de l'aventure. Je croyois être sûr de
mes preuves : & vous sentez mieux qu'un autre, Monsieur, quelle délicieuse satisfaction
on goute à établir des principes rares, singu-
liers, des maximes toutes neuves, que personne
ne connoît, que tout le monde désavoue
même d'abord, pourvu que l'on réussisse à les
établir. Je leur demandai donc un peu d'attention. Ils me l'accorderent avec politesse.

Je leur proposai comme une question, de
savoir, *Si l'on ne pouvoit pas concevoir des Langues plus propres à la Musique les unes que les autres, & si l'on n'en pouvoit pas même concevoir
qui ne le fussent point du tout.* * Ils convinrent
avec moi, qu'il se pouvoit trouver des Langues plus propres à la Musique les unes que
les autres, que l'Italienne & la Françoise par
exemple, y étoient vraisemblablement plus propres que l'Arabe & le Siriac, mais que sur l'A-
rabe même & sur le Siriac, ainsi que sur les
Langues les plus dures & les plus barbares
comme sur celle des Iroquois, & des Hotten-
tots, il étoit possible de faire de bonne Musique, qu'il ne s'agissoit que de trouver le Mu-

* Lettre sur la Musique Françoise par J.J. Rousseau,
pag. 4.

ficien ; que la Musique ne dépendoit nullement des paroles , & étoit faite pour les rendre toutes, moins avantageusement à la vérité
les unes que les autres , mais toujours avec
succès, sous la main d'un bon Auteur. Vérité
que démontreroit, si l'on en pouvoit douter ,
cette excellente Musique , qui nous rend si
merveilleusement le croassement des Grenouilles. * Que ne peut-on donc pas mettre en musique, me dirent-ils ? Toute Langue est donc
susceptible de bonne Musique.

Avec vos Grenouilles , leur répliquai-je ,
croyez-vous m'en imposer ? Apparemment
que la prosodie de leur langue est plus assor-
tissante à la Musique que celle de la Langue
Françoise ? *Une Langue , qui n'est composée que
de sons mixtes , de syllabes muettes , sourdes , ou
nazales , peu de voyelles sonores , beaucoup de
consonnes & d'articulations , & qui manque encore d'autres conditions essentielles , dont je parle-
rai dans un autre endroit : cherchons , par curiosité
ce qui résulteroit de la Musique appliquée à une
telle Langue. ** Ne seroit-ce pas une Musique
dure , baroque, & inchantable. ***

Mais , me dirent-ils tous unanimement ,
pour vous répondre, il faut vous entendre ; &
nous vous avouons , avec ingénuité , que tous
tant que nous sommes ici , femmes , hommes ,

* Platée , Opera boufon de M. Rameau.
** Ib. pag. 4.   *** Ib. pag. 13.

Muſiciens, on non Muſiciens, nous ne comprenons rien à votre jargon. Vos *ſons mixtes*, vos *ſyllabes ſourdes ou nazales*, vos *voyelles inſonores*, vos *conſonnes trop abondantes*, votre Muſique *inchantable*; tout cela eſt inintelligible pour nous. C'eſt ſans doute le ſavant langage de la Grammaire que vous nous tenez, & nous ne ſommes pas Grammairiens. Nous n'entendons pas ce que vous dites, & nous ne pouvons pas deviner ce que vous nous promettez de dire une autre fois. Parlez-nous Muſique & non Langue, ſi vous voulez nous perſuader que ce n'eſt pas la Muſique Françoiſe que nous aurions dû apprendre. Etoit-il naturel que nous commençaſſions par apprendre une autre Muſique que la notre?

Tant pis, repris-je avec feu, tant pis. Hé bien votre Muſique eſt inſéparable de votre Langue; & dans votre Langue, qui, je ne ſai par quelle fantaiſie, eſt la ſeule que vous ſachiez, apprenez premierement, *que le défaut d'éclat dans le ſon des voyelles, oblige d'en donner beaucoup à celui des notes, & que votre Langue étant ſourde, votre Muſique eſt criarde.* Sachez *ſecondement, que la dureté & la fréquence de vos conſonnes force à exclure beaucoup de mots, à ne procéder ſur les autres que par des intonations élémentaires, & que votre Muſique par conſéquent eſt inſipide & monotone, que par la même raiſon ſa marche eſt lente & ennuyeuſe, & quand on vou-*

droit un peu presser le mouvement, sa vitesse
ressembleroit à celle d'un corps dur & anguleux qui
roule sur le pavé. *

Je l'avouerai, Monsieur, à la honte de la
raison, & en déplorant le malheur d'avoir à
faire à des ignorans, je fus interrompu avec
indécence, par des ris immodérés. Je n'enten-
dis que répéter confusément, & pour ainsi dire
à grand cœur, ces mots, *une Langue sourde, la*
fréquence des consonnes, les intonations élémen-
taires, le corps anguleux. Je voulus quitter la
partie. Je me levai même brusquement à cet
effet; mais ils me retinrent malgré moi, en me
demandant, si je n'avois pas encore quelque
chose à leur dire de la même force, & qui eut
une pareille clarté.

Tout rempli de mon sujet, je leur criai, tê-
tes dures & ininstruisables, sachez, puisqu'il
faut enfin vous parler sans fard, que telle est
cependant votre Musique par ce que telle est
votre Langue, *& vous aurez beau tâcher d'y*
suppléer par des beautés factices & peu naturelles,
inventer des fredons, des cadences, des ports de
voix, & d'autres agrémens postiches, vous ne fe-
rez que rendre votre chant plus ridicule, sans le
rendre moins plat. Votre Musique, avec toute cette
maussade parure, restera languissante & sans ex-
pression, & ses images dénuées de force & d'éner-
gie, peindront peu d'objets en beaucoup de notes,

* Ib. pag. 3.

comme ces écritures gothiques, dont les lignes rem-
plies de traits & de lettres figurées, ne contiennent
que deux ou trois mots, & qui renferment très-
peu de sens en un grand espace. *

L'auriez-vous cru, Monsieur ? Autre redou-
blement de ris, nouvelles extravagances de la
part de ces gens. Ils me demandent ce que
c'est que les beautés factices de notre Musique,
comment les cadances & les ports de voix en peuvent être regardés comme les agrémens postiches, quelle liaison je trouve entre notre Musique & les écritures gothiques ? Ils me prient de
me ressouvenir que ce sont des François qui
m'écoutent, & que c'est sur la Musique Françoise que je les veux instruire, que je leur dois
donc parler François, qu'ils n'entendent rien
à mon pompeux galimatias. Qu'auriez-vous
dit, Monsieur, à de pareils gens ?

Le Musicien prit même le ton haut, & il me
pria, puisqu'ils n'entendoient rien à ce que j'a-
vois dit jusqu'alors, de leur apprendre du
moins ce que j'avois promis de leur expliquer
dans un autre temps, qu'ils l'entendroient peut-
être mieux.

Ce que je réservois à vous dire, leur répliquai-je, c'est qu'il n'y a ni mesure, ni mélodie
dans votre Musique, parce que votre Langue n'en
est pas susceptible, que le chant François n'est
qu'un aboyement continuel, insuportable à toute

* Ib. pag. 6.

oreille non prévenue, que l'harmonie en est brute,
sans expression, & sentant uniquement son rem-
plissage d'Ecolier, que les airs François ne sont
point des airs, que le Récitatif François n'est point
du Récitatif, d'où je conclus que vous n'avez point
de Musique, & n'en pouvez avoir, & que si ja-
mais vous en avez une, ce sera tant pis pour
vous. *

Quoi ! reprirent-ils tous ensemble , car on
ne les pouvoit plus contenir, le divin Jéliote
& la charmante Mlle. Fel ne font *qu'aboyer,*
leur chant est insuportable ? Mais ne vous apper-
cevez-vous pas, m'écriai-je, *que Jéliote, &*
Mlle Fel ont des bras, & que sans le secours de
vos yeux, ils seroient insuportables à vos oreilles ?
** Comment, ce font les bras feuls de Jéliote
& de Mlle Fel que nous admirons ? leur jeu,
à la vérité, nous fait grand plaisir ; mais nous
ne pensions pas, qu'il fît tout l'agrément &
tout le charme de leur voix. Souvent même
nous ne les regardons pas, pour être moins
distraits, & pour avoir plus de plaisir à les entendre. Nous voyons, que ceux qui font pri-
vés de la vue, en font également enchantés.
Ils courent tous les jours avec empressement à
ce spectacle. C'est même plus le spectacle des
oreilles que des yeux, si l'on en excepte les
danses & les décorations, qui font étrangeres
à la Musique. Oh ! la plaisante chose, conti-

* Ib. pag. 92.   ** Ib. pag. 91.

nuerent-ils ; ce font les bras de Jéliote , & de Mlle Fel qui font tous leurs talens. S'ils cef-foient de remuer les bras , nous ne les écoute-rions plus , ou s'ils remuoient les bras fans chanter , ils nous raviroient encore. Pourquoi les entendons-nous avec tant de plaifir dans un Concert , où ils n'ont plus de bras , du moins où ils ne s'en fervent pas ? Que de-viendra le Concert Spirituel , ce fpectacle fi fuivi , fi couru , fi enchanteur , que les bras ne foutiennent point ? Que de folies , Mon-fieur , me dirent-ils , & comment avez - vous pu les réunir toutes dans votre tête ?

Je vous avouerai, Monfieur, que je demeu-rai un peu déconcerté. Ces bras m'embaraffe-rent. Je fus faché d'en avoir fait une partie fi effentielle de notre Mufique. Ils s'apperçurent de la pofition où je me trouvois, & d'un com-mun accord ils m'envoyerent aux Petites Mai-fons , pour en être le Maître de Mufique. Ils dirent que c'étoit une place , que l'on devoit fonder en ma faveur.

Le Muficien, fur-tout, fier de mon embarras , me demanda comment il fe pourroit faire, *que fi jamais ils avoient une Mufique, ce feroit tant pis pour eux* , * quel malheur il pourroit leur en arriver, que je leur expliquaffe ce para-doxe, comment lorfqu'ils auroient appris la Langue & la Mufique Italienne , que la plu-

* Ib. pag. 91.

part de leurs concitoyens n'entendoient pas ,
*ils feroient beaucoup plus recommandables à leurs
yeux*, * que ce feroit donc comme *Sganarel* du
Medecin malgré lui, qui ne veut parler latin
qu'à ceux qui ne l'entendent point.

J'étois confus , humilié , & je ne penfai à
me débaraffer d'eux , qu'en leur difant des injures. Voilà de cruels bras , me reprochois-je à
moi-même. De quoi me fuis-je avifé de les placer fi avantageufement dans la Mufique ? Mais
je redoublai d'efforts de poumons , & je leur
criai , voilà ce que c'eft que de fe trouver vis-
à-vis des ignorans , de gens qui ne font pas
Philofophes. Ils n'entendent rien. Ils ne con-
çoivent rien. *Ils prennent pour des paroles réelles
ces Ariettes toujours détachées du fujet , qui ne
font qu'un miferable jargon emmiellé, qu'on eft trop
heureux de ne pas entendre , qu'une collection faite
au hazard , du très-petit nombre de mots fonores
que notre Langue peut fournir , tournés & retour-
nés de toutes les manieres , excepté de celle qui
pourroit leur donner du fens , impertinens amphigouris fur lefquels nos Muficiens épuifent leur goût
& leur favoir , & nos Acteurs leurs geftes , &
leurs poumons , morceaux extravagants auxquels
nos femmes fe pâment d'admiration :* ** Et j'al-
lois me fauver. Je voyois bien , que c'étoit l'u-
nique façon de me tirer d'affaire : mais ils ne
me laifferent pas échaper. Le Muficien triom-

* Ib. pag. 92. Note.   ** Ib. pag. 64.

phoit.

phoit. Oh! vous n'en êtes pas quitte, dit-il, Monſieur le beau raiſonneur, l'homme de bon ſens, le Philoſophe, avec toutes vos injures, que vous ſavez ſi bien entaſſer les unes ſur les autres, avec votre *miſérable jargon* nullement *emmiéllé*, avec vos raiſonnements, qui ſont à la vérité, *d'impertinens amphigouris*, pour vous rendre du moins une partie de vos ex-preſſions baſſes & triviales. Voyons comment Votre Philoſophie bourrue ſe tirera de ce rai-ſonnement.

Nous n'avons pas, & nous ne pouvons avoir de bonne Muſique Françoiſe, à cauſe de notre Langue : mais nous avons de la Muſique ſur des paroles Latines, nous avons une Mu-ſique inſtrumentale, qui n'a point de paroles. Cette double Muſique n'a aucun rapport à notre Langue. Elle pourra donc être bonne indépendamment de notre Langue. Votre ſy-ſtême général, ſans aucune diſtinction, eſt donc faux. Vous êtes donc un fou du moins en partie.

Ce nouvel embaras me parut plus grand que le premier. Je ne l'avois pas prévu. Eh! qui peut tout prévoir? Vous-même, Mon-ſieur, y aviez-vous penſé? Le raiſonnement étoit cependant naturel. Il en étoit d'autant plus fort. Je fus quelque temps ſans répondre : & tout le monde inſultoit à mon ſilence. Car l'affaire étoit devenue ſérieuſe. Ce n'étoit

B

plus une difpute indifferente & tranquille. Chacun croyoit défendre fa propre caufe. J'atta-
quois les préjugés, le Goût de la Nation. Il faut
le faire avec une grande fuperiorité de preuves
pour y pouvoir réuffir. Encore n'eft-on jamais certain du fuccès. Je revins cependant
de mon affoupiffement. Le dépit & la honte
m'infpirerent.

Ne favez-vous donc pas, leur dis je avec
enthoufiafme, comme cela le méritoit, ne favez-vous pas, *que la Mufique nationale tire fon
principal caractere de la Langue qui lui eft propre,
& que c'eft principalement la Profodie de la Langue qui conftitue ce caractere, & comme la Mufique
vocale a précédé de beaucoup l'inftrumentale, celle-
ci a toujours reçu de l'autre fes tours de chant &
fa mefure : & les diverfes mefures de la Mufique
vocale n'ont pu naître que des diverfes manieres
dont on pouvoit fcander le difcours, & placer les
breves & les longues les unes à l'égard des autres.
Ce qui eft très-évident dans la Mufique Gréque,
dont toutes les mefures n'étoient que les formules d'autant de Rythmes fournis par tous les ar-
rangemens des fyllabes longues ou breves, &
des pieds dont la Langue & la Poëfie étoient fuf-
ceptibles, de forte que quoiqu'on puiffe très-
bien diftinguer dans le Rythme Mufical la mefure
de la Profodie.....* *

Oh ! pour le coup, dit la Maitreffe de la

* Ib. pag. 9.

maison, en m'interrompant, c'est trop abuser
de notre complaisance. Il s'agit de François,
& vous nous parlez Grec. Avec vos *Profodies*,
vos *formules*, vos *Rythmes*, comment voulez-
vous que nous vous entendions ? Est-ce en
parlant un langage que nous ne connoissons
pas, que vous prétendez nous convaincre ?
On vous cite la Musique latine & l'instrumentale, qui n'ont toutes deux aucun rapport à
notre Langue, & qui ne peuvent par conséquent souffrir de les prétendus défauts, &
vous nous parlez des diverses manieres dont
on peut scander le discours François, & y
placer les breves & les longues. Vous nous
transportez dans la Grece. Vous nous rappel-
lez les *Rythmes*. C'est vouloir faire le savan-
tasse, & non pas nous répondre. Convenez,
de bonne foi, que vous avez tort du moins
en cette partie, que ces deux sortes de Musique peuvent être bonnes, que nous avons des
Motets parfaits, & d'excellentes Musiques in-
strumentales.

Je ne parois avoir tort, lui répliquai-je vi-
vement à mon tour, que parce que vous ne
m'entendez pas : & je ne vous suis inintelligible, que parce que vous ne savez pas *mettre*,
comme moi, *la Musique Françoise à la coupelle
de la raison*. & voir... *

Avec votre *coupelle de la raison*, m'inter-

rompit - elle de nouveau plus brusquement
encore, mettez-y votre esprit, si vous le pouvez, il en a plus besoin que notre Musique. Je
n'ai jamais entendu tant d'inepties & d'extravagances. Finissons la conversation. Vous vous
trouveriez enfin épuisé de folies, & nous de
patience.

Non, reprit le Musicien, notre Philosophe
n'en sera pas quitte pour cela. Il ne demande
qu'à nous échaper. Nous l'avons rendu muet
sur la Musique Latine, & sur l'instrumentale.
Il croit avoir tout dit, quand il nous parle sans
cesse & mal-adroitement de Prosodie, terme
plus usité dans les Langues Grecques & Latines que dans la nôtre, terme qui ne signifie
que l'Art de prononcer une Langue, & qu'il
nous donne pour la Langue même. Il faut qu'il
reconnoisse encore, que notre Langue ne peut
altérer en aucune façon la bonne Musique, &
qu'elle est, par elle-même, susceptible de cette
bonne Musique.

Dans *le Jaloux corrigé*, Opera bouffon, on
a inseré la Musique de dix *Ariettes* Italiennes,
tirées de *la Serva Padrona*, d'*Il Giocatore*, &
d'*Il Maestro di Musica*. Ces *Ariettes* ont été pa-
rodiées en vers François, qui ne pouvoient
certainement pas convenir aussi bien à cette
Musique, que les vers Italiens sur lesquels elle
avoit été composée. Cependant ces vers François n'ont pas changé le chant, l'harmonie,

ñi la mesure de cette Musique Italienne. Elle a été également reconnue & écoutée comme de bonne Musique. Ce n'est donc pas notre Langue qui rend notre Musique insuportable ?

Lulli, *Theobaldo de Gatti*, & *Baptistin* étoient Italiens. Ils connoissoient vraisemblablement la beauté de leur langue, & les prétendus défauts de la notre. Ils ont cependant mis en Musique un grand nombre de Poëmes François dans tous les genres : & ces ouvrages ont été estimés jusqu'à présent, non seulement de nous, mais de tous les étrangers, & singulierement des Italiens.

Bon, lui répliquai-je en fureur de me voir pressé de si près, n'avez-vous que cela à me dire ? Vous me citez *Lulli* comme un grand Musicien, *il n'étoit pas seulement capable de mettre de la Musique sur les paroles du grand homme, qu'il tenoit á ses gages.* *

C'est sans doute, reprit le Musicien, de *Quinault* que vous voulez parler. Vous convenez donc, que cet excellent Poëte Lyrique faisoit de bonnes paroles, auxquelles il ne manquoit qu'un Musicien pour les mettre en Musique. On peut donc faire de bonne Musique sur nos paroles. Ce ne sont donc pas nos paroles, qui empêchent que nous n'ayons de bonne Musique, & c'est vous-même qui le dites.

* Ib. pag. 89.

B iij

Non , Monsieur , je n'y pouvois tenir. Ce Muſicien raiſonneur me déſeſperoit , m'excedoit. Je voulois abſolument qu'il eut tort , parce que ſans cela vous n'euſſiez pas eu raiſon , & je ne voyois pas cependant ce que l'on pouvoit lui répondre. Mais , lui dis-je , ſans trop ſavoir où j'en étois , *le vrai récitatif François , s'il peut y en avoir un , ne ſe trouvera que dans une route directement contraire à celle de Lulli & de ſes ſucceſſeurs , dans quelque route nouvelle , qu'aſſurément les compoſiteurs François ſi fiers de leur faux ſavoir , & par conſéquent ſi éloigné de ſentir , & d'aimer le véritable , ne s'aviſeront pas de chercher ſi-tôt , & que probablement ils ne trouveront jamais.* *

Prenez ce célèbre Monologue d'Armide , qui paſſe pour un chef-d'œuvre de déclamation , & pour le modele le plus parfait du vrai Récitatif françois , vous n'y verrez qu'une modulation exacte & bien liée , & par conſéquent qu'une régularité ſcholaſtique déplacée dans une ſcene , où l'emportement , la tendreſſe & le contraſte des paſſions oppoſées mettent l'Actrice , & les Spectateurs dans la plus vive agitation. **

Vous entendrez votre habile Muſicien ne pas quitter un inſtant les cordes les plus analogues au ton principal. Vous y trouverez des trilles multipliés , & toujours froids , des trilles de mauvaiſe grace , des toniques & des dominantes déplacées ,

*Ib. pag. 74.   **Ib. pag. 72.

*aucune transition intellectuelle, point d'écart har-
monique, des cadences parfaites, qui sont toujours
la mort de l'expression, & qu'accompagnent mal-
adroitement des trilles continuels.* *

Quelle fut ma surprise, Monsieur, à cette
dissertation si juste & si bien raisonnée, de voir
tous mes auditeurs, comme des extravagants,
se mettre à danser en rond autour de moi. Car
nous étions debout. On avoit quitté la table.
Ils m'enveloppent par leur danse, & je n'en-
tends que ces mots mis sur un air de hazard,
oh ! les *trilles, les trilles, les trilles.*

Qu'on me l'étrille, trille, trille
Qu'on me l'étrille comme il faut.

Je voulus leur en imposer. Il ne me fut pas
possible. Ma mauvaise humeur les fit redou-
bler de gaieté. Ils changerent seulement de
chanson. J'eus le chagrin de les entendre chanter en chorus certaine mauvaise rapsodie, que
j'avois déja vue dans une de ces Feuilles Pé-
riodiques, & qui s'exprime ainsi. Vous allez
juger, Monsieur, s'il y a du sens commun,
c'est sur l'air *Jardinier, ne vois-tu pas,* &c.

Les Lullis & les Rameaux
Sont des esprits opaques,
Des ignorants & des sots.

*Ib. pag. 80. & les suivantes.

Ainſi l'a dit, en deux mots,
Jean Jacques, Jean Jacques, Jean Jacques.

De notre Helicon les eaux
Ne ſont que des cloaques,
Nos Cignes que des Crapaux.
Ainſi l'a dit en deux mots,
J. J. J. J. J. J.

Aux beaux Arts bien à crédit
Peuple François tu vaques,
Tout ſuccès t'eſt interdit.
En deux mots ainſi l'a dit
J. J. J. J. J. J.

Des deux Rouſſeaux dont jamais
L'un n'aura fait ſes Pâques
Quel eſt le grand déſormais ?
Ce n'eſt plus Jean tout court, mais
J. J. J. J. J. J.

Que dire, Monſieur, à des gens dont la
tête eſt échauffée ? Leurs mouvemens cependant étoient trop vifs. Ils y ſuccomberent enfin. Il fallut s'aſſeoir malgré ſoi : & ce maudit
Muſicien toujours raiſonneur, après avoir
repris haleine, me dit, vous avez voulu nous
faire prendre le change, M. le Marquis du
Trille. Ce fut le nom qu'il me donna, & qui
m'eſt reſté dans cette Société. C'eſt au Muſi-

cien que vous faites actuellement le Procès,
& c'étoit de notre Langue qu'il s'agiſſoit.
C'eſt diſiez-vous d'abord la Langue Françoiſe
qui ne permet pas, que nous puiſſions jamais
avoir de bonne Muſique, & à préſent c'eſt
un Muſicien que vous ne trouvez point, pour
mettre de la Muſique ſur de bonnes paroles
Françoiſes. Prenez donc votre parti. A qui
en voulez-vous, M. le Marquis du *Trille* ?
Ce nom revenoit à chaque bout de phraſe.
Eſt-ce à notre Langue, à notre Muſique, ou
à nos Muſiciens en général ? C'eſt peut-être à
tous. Car vous pouriez bien être l'ennemi du
genre humain. Mais la Langue & la Muſique
Françoiſe me paroiſſent actuellement hors de
vos atteintes, puiſque nous vous avons démontré clairement, que la Langue ne fait
point la Muſique, & que la bonne Muſique eſt
toujours bonne, ſur quelques paroles qu'on la
puiſſe mettre.

A l'égard du Muſicien, de ce grand *Lulli*,
qu'il faut être fou pour oſer le mépriſer, &
ſur-tout dans ſon meilleur Opera, & dans le
plus brillant & le plus excellent morceau de
cet Opera merveilleux, ſachez que *Corelly*
eſtimoit tant ſa Muſique, qu'il regardoit les
partitions de ſes Opera, comme un modele de
compoſition pour lui, & on lit, dans le Parnaſſe François, que *Corelly loué par un Cardi-
nal, ſur la belle compoſition de ſes Sonates*, ne

répondit autre chofe , finon *c'eft que j'ai étudié Lulli.* Sachez encore , que *Lovigi* fameux Muficien Italien , ayant entendu quelques airs de violon de Lulli , & entr'autres la Chaconne des Magiciens du *Ballet des Mufes* , en fut fi charmé , qu'il vint de Rome à Paris pour en connoître l'Auteur. Aprenez enfin , que *Theobaldo de Gatti* , autre excellent Muficien Italien , enchanté de la Mufique de *Lulli* , vint auffi de Florence à Paris , pour admirer de plus près ce grand homme , que vous trouvez fi petit , vous Monfieur le critiqueur impitoyable.

Theobaldo jouoit parfaitement de la Baffe de Violon. Lulli informé du fujet de fon voyage , le reçut avec beaucoup de joie & d'amitié. Il lui offrit une place dans l'Orcheftre de l'Opera. Cet excellent Muficien ne dédaigna pas de l'accepter. Il y eft refté pendant 50 années. C'étoit un grand Compofiteur. Il a fait , entre autres ouvrages, la Mufique de deux Opera François , dont le dernier intitulé *Sylla* eut beaucoup de fuccès. * Notre langue n'eft donc pas fi défagréable que vous le prétendez , fur-tout lorfqu'elle eft bien prononcée. Il ne me paroît pas même décidé , que la Langue Italienne vaille autant que vous la voulez faire valoir. Mais louez tant que vous voudrez la Mufique

---

* Voyez le Parnaffe François de M. Titon du Tillet.

Italienne. Ne proscrivez pas du moins totalement la Françoise. Respectez le goût & les talents de chaque Nation : & laissez à chaque
Nation son goût propre & ses talents particuliers. Sentez , avec un de nos plus grands
Poëtes , que

La nature féconde , ingénieuse & sage ,
Par ses dons partagés ornant cet Univers,
Parle à tous les humains , mais sur des tons divers.
Ainsi que son esprit , tout peuple a son langage ,
Ses sons & ses accens à sa voix ajustés ,
Des mains de la nature exactement notés.
L'oreille heureuse & fine en sent la différence.
Sur le ton des François il faut chanter en France.
Aux loix de notre goût Lulli sut se ranger.
Il embellit notre Art , au lieu de le changer. *

Oh ! Monsieur , lui dis-je impatient de tous
ces raisonnements , & encore plus de ces cita-
tions si désagréables , avec votre Poëte & vos
Italiens , apprenez que l'on *a vu à Venise un*
Armenien , homme d'esprit , qui n'avoit jamais en-
tendu de Musique & devant lequel on exécuta ,
dans un même Concert , un Monologue François ,
qui commence par ce vers ,

Temple sacré , séjour tranquille ;

Et un air de Galuppi qui commence par celui-ci :

Voi che languite senza speranza.

* Voyez le Temple du Goût par M. de Voltaire.

*L'un & l'autre furent chantés médiocrement pour
le François, & mal pour l'Italien, par un homme
accoutumé seulement à la Musique Françoise, &
alors très enthousiaste de celle de M. Rameau. On
remarqua dans l'Armenien, durant tout le chant
François, plus de surprise que de plaisir : mais
tout le monde observa, dès les premieres mesures,
de l'air Italien, que son visage, & ses yeux s'a-
doucissoient. Il étoit enchanté. Il prêtoit son ame
aux impressions de la Musique, & quoiqu'il enten-
dit peu la Langue, les simples sons lui causoient
un ravissement sensible. Dès ce moment on ne put
plus lui faire écouter aucun air François.* **

J'avois cru, Monsieur, que ces gens ne
sauroient que répondre à mon Armenien in-
troduit si à propos sur la scene, & qu'ils reste-
roient muets à la vue de ce dégoût si marqué
pour notre Musique, & de cette stupéfaction
ravissante à chaque mesure de l'air Italien.
Mais mon Musicien étoit homme à ne se jamais rendre. Il reprit ses injures encore avec
plus de vivacité.

Qui est-ce donc qui a vu votre Armenien de
Venise, me dit-il ? Seroit-ce quelqu'un aussi
raisonnable que vous ? Hé bien apprenez à
votre tour, que l'on a vu à Paris deux Chinois, gens sensés, & d'une bonne judiciaire,
instruits de notre Langue, & même au fait de
la Musique, à qui l'on faisoit des raisonnements
pareils aux vôtres sur notre Musique, & sur

* Ib. pag. 28.

notre Langue : car toutes les impertinences que vous nous débités depuis si long-temps, ne sont pas de vous. Nous les avons lues dans une certaine Brochure , qui vient de paroître. Vous n'êtes que Plagiaire. Mais quand on veut copier, il faut du moins prendre de bons originaux. Nos Chinois, connoisseurs s'impatienterent. Ils traiterent celui qui parloit comme vous, d'homme dont le moindre défaut étoit de n'avoir pas le sens commun. Ils le trouverent encore plus insuportable par un amour propre dégoûtant, qui lui faisoit prendre à tort & à travers le ton décisif & toujours singulier. Ils lui dirent cruement , que l'on ne devoit jamais penser d'après soi seul, qu'il se falloit familiariser avec le goût général , surtout ne pas critiquer impudemment ses Maîtres, qu'il étoit ridicule de condamner sans goût , sans intelligence, sans connoissance une Langue que l'on savoit mal , une Musique que l'on ignoroit totalement , des Musiciens que l'on ne connoissoit pas.

Pour le coup, Monsieur, il ne me fut pas possible d'y tenir. Serai-je donc toujours maltraité impunément , repris-je avec aigreur ? Et qui est-ce qui a cette audace ? Vous n'êtes, dis-je à ce Musicien, qu'un Symphoniste de l'Orchestre de l'Opera , fier sans doute de la réputation de vos camarades. Mais sachez , *que votre Orchestre vantée comme la première du* *monde*, *seroit à peine digne des Treteaux d'une Guinguette.* * C'est un grand homme qui l'a dit.

On étoit échauffé de la dispute. Le vin de Champagne n'avoit pas servi à tranquiliser. Ce Symphoniste se leve brusquement. Le couvert n'étoit pas encore ôté. Il prend des assiétes. Il veut me les jetter à la tête. La compagnie se met entre nous deux. Je me saisis des bouteilles vuides. Car, avec toutes mes bonnes raisons, il ne me convenoit pas d'être en demeure de réplique. Cela fit grand bruit. Les domestiques vinrent. La porte fut ouverte. Je crus pour lors, que je devois agir prudemment. Tout le monde étoit contre moi, jusqu'aux domestiques, qui avoient entendu le commencement de notre conversation. Ils me rioient au nez. Je pris le parti de me sauver.

Vous n'eussiez pas, sans doute, fait autrement à ma place. Car nous autres Philosophes, autant sommes-nous hardis, & quelquefois même téméraires dans nos discours, & la plume à la main, autant devenons-nous, pour l'ordinaire, circonspects & prudents, dès qu'il se présente quelque risque à courir. Mais ce n'est pas, Monsieur, la seule contradiction sérieuse, que j'aye eu à essuyer, en voulant soutenir votre systême. Parmi les Musiciens sur-tout, je n'en ai pas trouvé un seul, qui n'en ait été ré-

* Ib. pag. 15.

volté ; & comme je suis, cependant, dans la résolution de ne m'en pas départir, quelque raisons que l'on m'oppose, je me flatte, que vous ne refuserez pas de me mettre en état de le défendre. Plusieurs m'ont proposé differentes difficultés, avec moins de vivacité à la vérité, que l'avoient été celles du repas. Elles ne m'en paroissent pas moins embarassantes : & je voudrois pouvoir accabler & anéantir tous ces mauvais raisonneurs.

Les uns attaquent votre systême en général. Vous assurez, disent-ils, que nous n'avons aucune Musique Françoise. Si vous prétendiez seulement, que nous n'avons point de bonne Musique Françoise ; c'est ce qu'il s'agiroit de discuter. Mais vous nous refusez toute Musique bonne ou mauvaise. Vous la comparez à la Dent d'Or de l'Enfant de Silesie, dont parle M. *de Fontenelle*, à qui il ne manquoit que d'être d'Or, c'est-à-dire d'exister. Quel nom donnez-vous donc à ce que nous appellons notre Musique, car enfin il est quelque chose que nous décorons de ce nom, & qui est très-réel, qui n'est point une chimere. Si ce quelque chose n'est pas de la Musique, qu'est-ce que c'est ? Donnez-lui une dénomination. Que font tous nos Compositeurs, tous nos grands Maîtres de Musique, nos *Rameaux*, nos *Mondonvilles*, &c ? Qu'ont fait tous nos anciens Maîtres, nos *Lullis*, nos *Lalandes*, nos *Campras*, nos *Clerambaults*, &c ? Ils n'ont pas cru faire autre chose que de la Musique en composant les Motets, les Opéra & les Cantates, qu'ils nous ont laissés : & ils ont travaillé toute leur vie dans cette vue. Si nous n'avons pas de Musique, ils n'en ont point fait, s'ils n'en ont pas fait, qu'ont-ils fait ? Comment appellez-vous ce qu'ils ont fait ?

A ce raisonnement si pressant j'ai répondu d'après vous, Monsieur, que tous ces prétendus Maîtres de Musique avoient emprunté ce qu'ils appellent Musique, qu'ils l'avoient emprunté de la Langue Italienne. Mais, m'a-t-on répliqué, la Langue n'est pas de la Musique. La Musique est un assemblage de sons graves & aigus, qui, arithmetiquement, & harmoniquement divisés, forment, par leurs proportions, leur arrangement, & leur valeur, la Melodie, l'Harmonie & la Mesure, sans le secours d'aucune Langue ; & quelques syllabes sourdes, muetes, nazales ou sonores, qu'on puisse mettre sous ces sons, elles ne les changent point de nature. Il faut donc être plus exact dans ses définitions, m'a-t-on ajouté, & sur tout prouver : car il ne s'agit pas de parler toujours, & de ne prouver jamais. Quand même nous aurions emprunté notre Musique, non pas de la Langue Italienne, mais de la Musique Italienne, ce seroit toujours de la Musique que nous aurions. Notre

treMusique prise de l'Italienne n'en seroit pas moins devenue la notre. Nous aurions donc de la Musique. Nos Poëtes Dramatiques, qui se sont formés sur les grands Poëtes Grecs, n'en ont pas moins fait des Poëmes François. Ce ne sont pas des Poëmes Grecs.

D'ailleurs je ne sais, Monsieur, comment soutenir, selon vous-même, que nous avons emprunté notre Musique de l'Italienne. Vous dites, & quelques-uns prétendent, que c'est assez mal-à-propos, mais enfin vous dites, *qu'avant Corelli la Musique Italienne n'étoit pas meilleure que la notre, que c'est cet excellent Mu-sicien qui l'a formée.* * Or il est constant que *Corelli* reconnoissoit devoir sa Musique à *Lulli*, ce grand Maître de Musique en France. Ce seroit donc nous, qui aurions formé la Musique Italienne. Nous ne lui devrions donc pas la notre. Mais de quelque endroit que notre Musique nous vienne, il me semble qu'on ne sauroit raisonnablement disconvenir que ce soit de la Musique. Nous en avons donc une, bonne, ou mauvaise. Ce n'est donc pas la prétendue Dent d'Or de l'Enfant de Silesie. Il s'agit seulement de discuter l'excellence de cette Musique. Car on n'est pas dans le cas, comme vous le dites, *de s'assurer auparavant de son existence, & d'examiner d'abord, non pas si elle est d'Or, mais si nous en avons une.* **.

* Ib. pag. 44 & 45.   ** Ib. pag. 2.

C'est cependant, Monsieur, par où vous
débutez dans votre Lettre sur notre Musique,
& ce que quelques gens, même d'esprit, ont
trouvé fort agréable, je ne sais pourquoi. Car
en fait de bons mots, il n'y a rien de joli que
ce qui est vrai, ou du moins vraisemblable. Je
voudrois donc savoir quel parti prendre sur
cela. Soutiendrai-je toujours, que nous n'a-
vons point de Musique ? Ou ferai-je mieux de
me réduire à prétendre qu'elle n'est pas bonne ?
C'est à vous seul à me décider. Je ne veux ab-
solument parler que d'après vous, & j'aime
mieux me tromper avec vous seul, que de re-
connoître la vérité avec tout le monde.

On ne m'embarasse pas moins encore, Monsieur, dans les détails. Il semble qu'il y ait un
parti formé pour démembrer votre excellente
dissertation sur notre Musique. Chacun veut
en emporter un morceau. Vous avez dit, très-
savamment sans doute, *qu'une chose contraire à*
la Musique, c'est l'abus, ou plutôt l'usage des Fu-
gues, Imitations, doubles desseins, & autres beau-
tés arbitraires, & de pure convention, qui n'ont
presque de mérite, que la difficulté vaincue, &
qui toutes ont été inventées dans la naissance de
l'art, pour faire briller le savoir en attendant qu'il
fût question du Genie, que tout cela n'aboutit qu'à
faire du bruit, & qu'il vaut mieux faire de la Mu-
sique, qu'à l'égard des Contrefugues, doubles Fu-
gues, Fugues renversées, & autres sotises diffici-

les, *que l'oreille ne peut souffrir*, *& que la raison
ne peut justifier*, *ce sont évidemment des restes de
barbarie & de mauvais goût*, *qui ne subsistent*,
comme les Portails de nos Eglises gothiques, *que
pour la honte de ceux*, *qui ont eu la patience de les
faire.* *

Hé bien, Monsieur, cette décision de Maître, que vous n'avez pas surement prévu pouvoir même être contredite, puisque vous la
donnez comme incontestable, & sans penser
seulement à la soutenir d'aucune autorité, tous
nos Musiciens, tous nos Compositeurs, tous
nos simples connoisseurs la regardent comme
la plus forte hérésie, que l'on puisse faire en
Musique : & les Italiens s'accordent en cela
avec les François. Ils prétendent tous, que
les Imitations, dans la Musique, font un effet
admirable, que la Fugue simple, double, ou
renversée, quand le dessein en est heureux &
habilement manié dans toutes les cordes du
mode, ou ton principal, est le chef-d'œuvre
de l'Art, du Goût, du Génie, & en un mot de
la Musique la plus parfaite. Ils observent, que
tous les ouvrages de *Corelli*, de *Vivaldi*, d'*Al-
binoni*, & de tous les plus grands Musiciens
Italiens font remplis d'Imitations, de Fugues,
de Contrefugues, de Fugues libres, de Fugues
obligées, de Fugues à plusieurs desseins, ou sujets différens, de Fugues pathétiques & chro-

*Ib. pag. 42, 43 & 44.

matiques, & ils foutiennent, que ce genre
de Mufique ne peut pas avoir été inventé, comme vous l'avancés, dans la naiffance de l'Art:
car cet Art, difent-ils, qui a pris naiffance chez
les Grecs, ne fut pas porté d'abord, ni même
plufieurs fiecles après, à un affez haut dégré
de perfection pour permettre aux Muficiens
de ce temps là de compofer des Fugues. Quoi
qu'il en foit ils prétendent, que la Fugue
& les Imitations ne font pas de petits orne-
ments de la Mufique, & je le repete, les Italiens à cet égard ne penfent pas differemment
des François. Ils difent, que c'eft la Mufique
même & la favante & belle Mufique, que fi
l'on peut appeller cela des fotifes, ce font de
ces fotifes, que tout le monde n'eft pas capable de faire, que vous ne connoiffez certainement pas, qui ne pouvoient fe trouver, & qui
ne fe trouvent point en effet dans votre *Devin
du Vilage.* Ils ajoutent, pour prouver la beauté
& l'élégance des Imitations, qu'il ne faut qu'entendre cet admirable Chœur & le Monologue
fuivant qui ouvrent le fecond Acte de *Caftor &
Pollux,* * ce Monologue raviffant chanté par
Telaire & rempli d'Imitations fi touchantes,
fi expreffives & fi favamment rendues,

> Triftes apprêts, pâles flambeaux,
> Jour plus affreux que les Ténébres,
> Aftres lugubres des tombeaux,
> Non, je ne verrai plus que vos clartés funébres.

* Opera de M. Rameau remis au Théâtre le 8 Jan-
vier 1754.

Auriez-vous raison, Monsieur, de dire de ce Monologue & de tant d'autres, qu'on lui peut comparer, *que rien n'est si trainant, si lache, si languissant, que ces beaux Monologues, que tout le monde admire en baillant, qu'ils voudroient être tristes, & ne sont qu'ennuyeux, qu'ils voudroient toucher le cœur & ne font qu'affliger les oreilles.* * Car vos décisions sont toujours générales, & c'est en cela qu'il est difficile de vous défendre.

De la Fugue & des Imitations, que vous avez si maltraitées, on passe, Monsieur, à votre Harmonie, sur laquelle encore personne ne se trouve d'accord avec vous. Au sujet du fils de l'Entrepreneur Italien, jeune enfant de dix ans, que l'on a entendu quelquefois accompagner du Clavessin à l'Opéra, dans les Intermedes Italiens, vous dites, que l'on fut surpris dès le premier jour, de l'effet que produisoit sous ses petits doigts cet accompagnement, & & que tout le spectacle s'apperçut, que ce n'étoit pas l'accompagnateur ordinaire.

On prétend d'abord, Monsieur, que c'est une insulte bien marquée, que vous aviez décidé de faire à toute l'Orchestre de l'Opéra, & que le sieur *Noblet*, quelque bon Harmoniste qn'il soit, n'en devoit pas être excepté. Cette Orchestre cependant, dit-on, ne vous

* Ib. pag. 66.

C iij

a jamais fait de mal. On assure même, qu'elle
a executé votre *Devin du Vilage* mieux qu'il
ne méritoit de l'être.

On ajoute, que le Spectacle, qui n'a pas
d'aussi bonnes oreilles que les votres, comme
vous le savez, ne s'apperçut certainement de
rien, que c'est un fait de pure imagination de
votre part, qu'il n'est pas possible de distinguer d'aucune des places de la Sale de l'O-
péra, pas même de celles de l'Orchestre, si
l'on en excepte uniquement la place de celui
qui bat la mesure, qu'il n'est pas possible de
distinguer si exactement l'accompagnement du
Clavessin. Ce sont, dit-on, des faits que vous
hazardés ainsi, & sur lesquels cependant vous
croyez pouvoir établir des principes certains,
sans autre preuve que ces faits mêmes, qu'il
suffit de vous nier, pour faire tomber les
principes.

Mais ce qui choque encore devantage, c'est
votre observation, *que le petit bon homme ne*
remplissoit presque jamais les accords, qu'il supri-
moit beaucoup de sons, & n'employoit très-souvent
que deux doigs, dont l'un sonnoit presque toujours
l'octave de la Basse, d'où vous concluès, assez
singulierement, que l'Harmonie complette fait
moins d'effet que l'Harmonie mutilée, & que nos
Accompagnateurs, en rendant tous les accords
pleins, ne font qu'un bruit confus, tandis que
celui-ci, avec moins de sons, fait plus d'Harmonie,

ou du moins rend son accompagnement plus sensi-
ble, & plus agréable. *

Tout le monde demande comment il se
peut faire, que ce petit bon-homme, qui,
selon vous, Monsieur, n'employe que deux
doigts dont l'un est occupé à sonner l'octave
de la Basse, qui avec ces deux doigts ne fait
par conséquent qu'un seul son de l'Harmonie
d'un accord, comment il se peut faire, que
ce son seul vaille mieux que les deux autres
au moins, que M. *Noblet* & tous les bons
Accompagnateurs y ajoutent de plus ?

Les personnes instruites & au fait de la Musique sentent toutes, par exemple, que si de
la septiéme qui, en France comme en Italie,
s'accompagne de la tierce, de la quinte & de
l'octave, on retranchoit la tierce & la quinte,
ce seroit supprimer la moitié de l'Harmonie de
cet accord, & par une conséquence néces-
saire, le rendre moins sensible & moins agréa-
blé aux oreilles des véritables Harmonistes &
des personnes de bon goût ; & il en seroit de
même de tous les autres accords pareillement
mutilés, soit dans l'accompagnement du Clavessin, soit dans un morceau de Musique écrit
à 4, ou 5, parties differentes. Comment persua-
derez-vous donc, Monsieur, que ces accords
mutilés, sous la main de ce petit bon-homme,
sont plus harmonieux, ou du moins plus sen-

* Ib. pag. 52.

fibles & plus agréables , que complettement
rendus fous les doigts du fieur *Noblet* ? Cela
ne fe comprend pas. C'eft , dit-on , comme fi
l'on prétendoit , pour donner une plus grande
lumiere dans un Appartement , qu'il falût de
quatre Bougies qui l'éclairent en éteindre
deux. Oh ! je vous l'avoue , Monfieur , ce
problême me paroît difficile à réfoudre en
votre faveur.

*Je fais bien que vous fuppofés que ces deux
fons fupprimés laiffent plus dominer la Baffe , &
lui confervent par conféquent tout l'avantage
qu'elle doit avoir , comme étant le fondement de
toute l'Harmonie , qui , lorfque les autres parties
la couvrent , devient plus fourde.* *

Mais ce raifonnement ne fatisfait pas mieux.
Nos Muficiens difent , que ce n'eft pas leur
parler Mufique , ni même leur parler raifon.
Ils obfervent , que cette Baffe de Claveffin , à
l'Opéra , eft foutenue de trois Violoncelles au
moins , & d'une Contre-baffe , qui rendent
tous la même Baffe , dans les morceaux fans
fymphonies , & que dans ceux où il fe trouve
des accompagnements de Violons , de Flutes ,
ou de Hautbois , cette Baffe eft foutenue de
huit Violoncelles , de quatre Baffons , & d'une
Contre-baffe , inftruments réunis & multipliés ,
que ne peuvent certainement étouffer deux

* Ib. pag. 55.

fons de plus ajoutez aux accords du Claveſſin.
D'ailleurs ils prétendent, que ſi ces Baſſes ne
ſuffiſoient pas, il vaudroit mieux les augmenter que de ſupprimer deux notes d'un accord,
qui ſont ſinguliérement le mérite de l'Harmonie, & qui y produiſent un excellent effet.

La mauvaiſe humeur ſaiſit même ces Muſiciens, quand on les met ſur cette matiere. Ils
ne la peuvent traiter de ſens froid. On feroit à
bon marché, diſent-ils, des Compoſiteurs &
des Accompagnateurs de Claveſſin, ſi l'on
n'éxigeoit d'eux que de compoſer leurs accords d'une ſeule partie. Notre Muſique alors
ſeroit auſſi dénuée d'Harmonie que celle du
Devin du Village. Car l'Harmonie, ajoutent-ils,
n'eſt autre choſe que l'union de pluſieurs ſons
differents & multipliés, proportionnés & aſ-
ſortis entr'eux, de maniere qu'entendus tous
enſemble, il concourent également à former
un tout agréable à l'oreille. Or plus il eſt poſſible de raſſembler dans un accord de ces ſons
differents, plus l'Harmonie que produira cet
accord ſera capable de flatter l'oreille des véritables connoiſſeurs & des perſonnes de bon
goût. Auſſi trouve-t-on trop ſingulier, que
vous établiſſiés *comme un principe certain &*
fondé dans la nature, que toute Muſique où l'Har-
monie eſt ſcrupuleuſement remplie, tout accompa-
gnement où tous les accords ſont complets, doit
faire beaucoup de bruit, mais avoir très-peu d'ex-

preſſion , & que c'eſt préciſément le caractere de la Muſique Françoiſe. *

Tous les Muſiciens ſoutiennent , que l'Harmonie complette eſt l'ame de la Muſique , & qu'elle ne ſauroit nuire en aucune maniere à l'expreſſion , & ils ajoutent , que c'eſt à cette Harmonie complette que nous devons toute la beauté de ce Chœur des Démons du quatriéme Acte de *Caſtor & Pollux* ** qui commence par ce vers,

Briſons tous nos fers.

Direz-vous , Monſieur , *qu'il n'y a dans ce Chœur que du bruit , ainſi que dans la plûpart de nos Chœurs ? Muſique indigne ,* ajoutez vous , *d'occuper la plume d'un homme de génie , & l'attention d'un homme de goût.* *** Cependant on prétend , que le merveilleux effet de ce Chœur détruit ſeul tout ce que ce que vous pouriez dire contre la Muſique dont l'Harmonie eſt ſcrupuleuſement remplie.

Enfin les Muſiciens ſur-tout ne vous paſſent aucuns de vos principes , ou-plutôt ils diſent que vous n'en établiſſés pas. A cela, Monſieur, vous répondez que ce ſont vos Parties. Mais qui prendra-t-on pour décider entre vous &

* Ib. pag. 57.
** Opera de M. Rameau.
*** Ib. pag. 43 & 44.

eux ? Ce ne sera pas à vous que l'on s'en rap-
portera. Vous tomberiez également dans le cas
d'être Juge & Partie. Ce ne sera pas non plus à
votre Arménien, qui ne sait ni la Musique, ni
les Langues Françoise & Italienne, dont vous le
rendez cependant le Juge. La plupart de nos
Musiciens ont du moins fait leurs preuves, &
sont en état, & même en droit, de réfuter vos
principes. Car, pour établir sa réputation à
titre de Musicien, il ne suffit pas d'écrire sur
la Musique. C'est, dites-vous, le fait du Philosophe. Je ne sais cependant, si le Philosophe,
sans être Musicien, peut bien parler Musique.
Ce n'est pas assez des notions générales. Chaque art a ses secrets particuliers, ses délica-
tesses, ses détails, son ensemble qu'il faut parfaitement connoître pour en raisonner juste. La
Philosophie ne tient pas lieu de tout. On prétend, que votre Lettre sur la Musique Françoise en est une preuve. Pour mériter la qua-
lité de Musicien, & vouloir s'ériger en savant
Maître de l'Art, il faut composer de bonne
Musique. Vous en convenez vous-même. Mais
on soutient, que c'est ce que vous n'avez pas
encore fait. On attend donc vos preuves. On
ne vous passe pas la Musique du *Devin du
Village* parmi vos titres. On pense, que comme
c'est sur des paroles françoises que vous l'avez
composée, vous avez voulu démontrer, en effet, que notre Langue n'étoit pas suceptible

de bonne Muſique , & qu'en cela vous avez
parfaitement réuſſi. Vous êtes brouillé avec les
Fugues, les Imitations & l'Harmonie. Vous
n'avez eu garde de les y employer. Donnez-
nous donc quelque bon Opera Italien de votre
façon. Joignez-y des principes certains & dé-
montrés. Soutenez-les de raiſonnements clairs
& frapants : & vous pourrez, peut-être, prendre
alors la place avantageuſe de Juge. Mais avant
que d'entreprendre cet ouvrage, réconciliez-
vous avec les Fugues , les Imitations & l'Harmonie. N'attribuez pas tout le mérite de la Muſique aux paroles. Car vous ne ferez revenir aucuns Muſiciens de l'opinion fondée ſur l'expé-
rience, que l'on peut faire d'excellente Muſique
ſur les plus mauvaiſes paroles du monde, que
pour juger ſi de la Muſique eſt bonne , ou mauvaiſe , un habile Muſicien , de quelque pays
qu'il ſoit , n'a que faire de connoître ni de poſ-
ſéder la Langüe ſur laquelle cette Muſique a
été compoſée, & que même ſans l'entendre exécuter, ni ſans ſavoir de quelle Langue elle peut
avoir tiré ſon caractere , il jugera parfaitement
de ſa valeur & de ſon effet , en la voyant ſeule-
ment notée ſur le papier. Ce fait avoué de tous
les plus grands Maîtres , ne s'accorde pas avec
votre ſyſtême.

Sur-tout , Monſieur , évitez de vous con-
tredire vous-même. On vous reproche de le
faire trop ſouvent. Après avoir dit , par exem-

ple , *que pour porter notre Mufique au très-médio-*
cre degré de bonté dont elle eft fufceptible , il fau-
dra tôt ou tard commencer par redefcendre , ou re-
monter au point où Lulli l'avoit mife, qu'il faut
convenir que l'Harmonie de ce célébre Muficien eft
plus pure & moins renverfée, que fes Baffes font plus
natureles , & marchent plus rondement , que fon
chant eft mieux fuivi, que fes accompagnements moins
chargés , naiffent mieux du fujet , & en fortent
moins, que fon récitatif eft beaucoup moins manieré,
& par conféquent beaucoup meilleur que le notre. *
Après cette obfervation vous prenez ce Muficien célébre, même felon vous, & vous le
prenez dans le plus beau Monologue de fon
meilleur Opéra , que vous réduifez , fi l'on
veut vous en croire, à rien. Vous ne l'analifez
pas. Vous le mutilés. Vous le difféqués. A
peine y reconnoit-on un fquélete de Muficien.
On demande , Monfieur , à cette occafion , fi
vous croyez gagner de l'embonpoint à amai-
grir ainfi les autres. Vous ne trouvez dans
cet admirable Monologue , que du ridicule ,
des contre-fens , & fur-tout des *trilles* continuels. Car ces malheureux *trilles* vous font
toujours préfents. Vous en conclués confé-
quemment , *que fi l'on envifage ce Monologue ,*
que vous avouez être le modele le plus par-
fait du vrai récitatif françois, ** *que fi on l'en-*
vifage comme du chant, on n'y trouve ni mefure ,

* Ib. pag. 61.   ** Ib. pag. 79.

ni caractere, ni melodie, ſi l'on veut que ce ſoit
du récitatif, on n'y trouve ni naturel, ni expreſſion, que quelque nom qu'on veuille lui donner,
on le trouve rempli de ſons filés, de trilles, &
autres ornemens du chant bien plus ridicules encore
dans une pareille ſituation, qu'ils ne le ſont communément dans la Muſique Françoiſe, que la modulation en eſt réguliere, mais puérile par cela
même ſcholaſtique, ſans énergie, ſans afection
ſenſible, que l'accompagnement s'y borne à la Baſſe
continue, dans une ſituation où toutes les puiſſan-
ces de la Muſique doivent être déployées, & que
cette Baſſe eſt plutôt celle qu'on feroit mettre à un
Ecolier ſous ſa Leçon de Muſique, que l'accompagnement d'une vive Scene d'Opéra, en un mot que
ſi l'on s'aviſoit d'exécuter cette Scene, ſans y joindre les paroles, ſans crier ni geſticuler, il ne ſeroit pas poſſible d'y rien démêler d'analogue à la
ſituation qu'elle veut peindre, & aux ſentiments
qu'elle veut exprimer. *

Ce Muſicien, pris là dans un de ſes plus excellents ouvrages, ſe trouve-t-il être ce célébre Muſicien, dont vous avez dit quelques
pages auparavant, que ſon Harmonie étoit
plus pure, ſes Baſſes plus naturelles, ſon chant
mieux ſuivi, ſon récitatif beaucoup meilleur
que le notre ? Accordez-vous donc avec vous-
même.

Soyez auſſi plus clair, & plus intelligible

* Ib. pag. 89 & 90.

dans ce que vous voulez dire. Car ceux qui, comme moi, ont abſolument pris le parti de vous défendre, & ſingulierement ceux de nos Journaliſtes, qui ont voulu le plus vous favoriſer, ſont obligés pour le faire, du moins avec quelqu'apparence de raiſon, de prétendre, que ce que vous dites le plus préciſément, le plus formellement n'eſt pas, cependant, ce que vous avez voulu dire.

Voilà bien de l'ouvrage, Monſieur, qui vous reſte encore à faire. Mais il eſt digne de vous, & il ne peut être fait que par vous. Qui oſeroit en effet entreprendre la défenſe de votre ſyſtême ? Il faut une Imagination vive & forte comme la votre pour le ſoutenir. Travaillez-y donc ſérieuſement. Ne laiſſez pas cette beſogne imparfaite. Tirez vos fideles Sectateurs de l'embarras où les mettent toutes les difficultés qu'on leur propoſe à cet égard. Car celles dont je viens de vous rendre compte, avec autant de ſincerité que de ſoumiſſion, ne ſont pas les ſeules que l'on faſſe. Il ne m'a pas été poſſible de les réunir toutes. Je ne voulois vous faire qu'une Epitre, & ceci devient preſqu'un livre. C'en eſt bien aſſez pour moi. Que vos amis en faſſent chacun autant, & vous aurez l'ouvrage complet. Ce n'eſt pas, Monſieur, que votre ſyſtême ne puiſſe toujours trouver ici des partiſans. A Paris, comme à Veniſe, il y a des Armeniens.

 EPITRE.

On dit, que vous vous occupez actuellement de la Médecine, & ces bruits répandus depuis peu causent même beaucoup d'allarmes. Les Malades & les Médecins en sont également éfrayés. Ils apréhendent tous que vous ne démontriez avec cette énergie & cette vigueur qui vous sont propre, que la Médecine que l'on professe parmi nous, n'est pas la bonne, & que vous n'envoyez tous les Médecins en Égipte apprendre la véritable. Je crois, Monsieur, que vous ne devriez pas profiter ainsi de la supériorité de vos lumieres, pour troubler de gaieté de cœur le genre humain. Laissez-le jouir tranquillement à cet égard de ses erreurs & de ses abus. Il vit avec eux, & vous ne feriez que le rendre malheureux en l'instruisant. Reprenez la Musique. Elle a encore besoin de vous : & nous y courrons moins de risques. Lisez mes Portraits. Vous ne les désavouerez peut-être pas tous. Car on assure, que vous aimez toujours l'Opéra, quoiqu'on vous en ait banni honteusement, & que vous ayiez même eu le malheur d'y être pendu en éffigie, avec votre *Devin du Village* au cou. Ainsi puisque l'on refuse impitoyablement de vous y laisser entrer à titre d'Auteur, ni même pour votre argent, qu'il vous soit permis du moins de vous amuser des Portraits des principaux sujets de cette Académie.

J'aurois

J'aurois voulu pouvoir y joindre ceux de vos chers Italiens : mais comme je penſois à vous donner quelques copies de ces Originaux, ils ſont partis bruſquement, & j'appréhende, qu'on ne mette pas plus de temps à les oublier, qu'ils en ont mis à faire leurs paquets. Ainſi ce ſeroit de l'ouvrage perdu. On demanderoit peut-être, l'année prochaine, ſi par hazard il étoit encore queſtion alors de ma Galerie, on demanderoit de qui je veux parler. Pour vous, Monſieur, qui leur êtes ſi attaché, n'allez pas vous aviſer de les ſuivre. On dit, que vous ſeriez bien capable de cette eſcapade, & vous m'embaraſſeriez beaucoup. Que deviendroit mon Epitre dédicatoire, ſi vous alliez vous établir dans la Place Navone, ou dans quelqu'autre Place publique de l'Italie, pour faire les honneurs de cette troupe que vous chériſſez tant ? Reſtez donc avec nous, quelque peu que nous valions. Nous en avons d'autant plus beſoin d'être inſtruits ; & c'eſt un grand plaiſir pour vous que de donner des Leçons.

Comme c'eſt la dureté & l'amertume de votre ſtile, qui vous ont attiré, Monſieur, quelques diſgraces, je vous conſeille de travailler à le réformer, plutôt que de vous amuſer à mutiler l'Harmonie. On trouve vos Diſſertations trop aigres & trop offenſantes pour ceux qui en font l'objet. On vous repre-

D

che sur-tout de ne pas ménager, avec assez de
décence, une Nation entiere que vous atta-
quée. On se loue de la douceur de votre
Avertissement : mais on prétend, que vous vous
en écartez aussitôt, que vous prenez dès la
premiere page l'affaire trop au sérieux. Vous
accablés en effet d'invectives même grossieres
des personnes à qui vous ne reprochés cependant autre chose que leur mauvais goût : &
sur quoi encore ? Il ne s'agit que de Musique.
La méprise vaut-elle la peine de vous mettre
de si mauvaise humeur ?

Jugez par ma sincerité & par mon zele des
sentiments avec lesquels j'ai l'honneur d'être,

MONSIEUR,

Votre, &c.

AVERTISSEMENT.

ON trouvera, sans doute, la Dédicace de cet Ouvrage trop longue, & l'Ouvrage trop court. C'est un reproche de plus que nos Critiques auront à me faire. Je compte cependant sur l'indulgence de ces Barragers du Parnasse. Car ils m'ont pris l'autre jour en contravention, & j'en ai été quitte à fort bon marché. Après avoir toisé mes Vers & pesé ma Prose, ils ont seulement constaté, par leur Procès verbal, que de mes Vers quelques uns n'avoient pas la mesure, & que le poids n'étoit pas toujours juste dans ma Prose, où ils ont trouvé néanmoins quelque esprit : & je leur en dois mes remercimens. Mais ne fraudent-ils pas quelquefois eux-mêmes les droits d'Apollon ? Et s'ils rencontroient sur leur route des gens aussi surveillans qu'eux, seroit-il difficile de les prendre à leur tour en contravention ? Cet Ambulant a cent yeux, digne Héritier de l'Abbé des Fontaines, ne pourroit-il pas courir ces risques lui-même ? Si on ne le chicane point avec tant de rigueur, c'est que l'on voit, qu'il se livre aisément au plaisir de louer, & qu'il ne cède qu'avec peine à la nécessité de critiquer.

Tous ces Toiseurs de Vers & ces peseurs de Proses, ne feront donc qu'observer ce que je m'étois dit à moi-même. Mais, je n'ai pas

52 AVERTISSEMENT.

eu le courage de rien retrancher de l'Epitre,
& les fonds m'ont manqué pour la Galerie. Elle
étoit complette. Cette impreſſion devenoit trop
importante pour moi. Pourquoi le diſſimulerois-
je? Ce n'eſt pas le métier d'un Muſicien d'être
riche, & je ne pouvois trouver de reſſource que
dans mes Camarades. Car il étoit décent que
cet Ouvrage appartint en entier à la Muſique.
En effet la plûpart s'y ſont portés de bonne grace.
Ceux qui n'ont pas cru le devoir faire ont penſé,
ſans doute, que mes foibles talens ne méritoient
pas d'être ſoutenus. D'ailleurs pluſieurs ſe ſont
perſuadés, que Jean Jacques Rouſſeau ne val-
loit pas la peine qu'on fît cette dépenſe. Cette reſſource n'a donc pû me conduire plus loin qu'où
j'ai été, & il m'a fallu remettre au Garde-meu-
ble une partie de mes Tableaux. Cela accroît ma
reconnoiſſance pour ceux qui m'ont aidé. Je dois
même avouer publiquement, que je ſuis plus heureux que Virgile, qu'Horace, & que pluſieurs
autres Gens de Lettres de leur tems. Ils n'a-
voient à eux tous qu'un Mécene, & la ſeule
Académie Royale de Muſique m'en a fourni plus
de cinquante. Si l'on trouvoit partout auſſi aiſé-
ment des perſonnes toujours prêtes à favoriſer
ceux qui travaillent, on verroit tous les jours
augmenter le nombre des Travailleurs. Mais
les Barragers du Parnaſſe auroient peut-être
alors trop d'occupation.

Sint Mécenates, non deerunt, Flacce, Marones.
Martial.

LA GALERIE

DE
L'ACADEMIE ROYALE
DE MUSIQUE,

Contenant les Portraits, en vers, des principaux
sujets, qui la composent en la présente année
1754.

M.^r DE THURET.
DIRECTEUR.

Par les soins de Thémis, malgré les envieux,
De l'Opéra, Thuret, se voit le Maître encore.
    Pour Melpomene & Terpsichore
      Que pouvoit-on faire de mieux ?
    Bonté, douceur, justice, politesse,
      Goût, expérience & sagesse,
Sont de ce Directeur des enfans de Phœbus
    Les précieux & rares attributs.

M. ROYER.

Inspecteur général nommé par le Roi.

SAVANT Muſicien, d'une heureuſe naiſſance,
Poli, doux, aimable ſans fard,
Choiſi pour enſeigner ton Art
Aux auguſtes Enfans de France,
Par tes accords naturels & touchants,
Qui n'empruntent de l'Art nulle bizarrerie,
Bien mieux que moi, des *Jean Jacques* du temps,
Tu confonds le faux goût & prouves l'Anerie.

M. CHERON.

Maître de l'Orcheſtre. *

L'HONNEUR, qu'à l'Opéra, reçoivent tes talents,
Sait mieux les éxalter que moi par mon Encens.
Guide en ces lieux de bien plus d'un grand Maître,
On jugera par là de ce que tu peux être.
Mais l'Art, qu'on doit encor plus eſtimer,
Eſt celui de ſe faire aimer.
Tu le ſais au dégré ſuprême.
J'en juge, CHERON, par moi-même.

* *Excellent Maître de Chapelle. Il a compoſé plus de vingt Motets à grands chœurs, qu'il a fait executer devant le Roi à Verſailles, à la grande ſatisfaction de Sa Majeſté & de toute la Cour.*

M. DE LAGARDE.

Maître de l'Orcheſtre.

LAGARDE, par ſes chants heureux,
A la Cour, à la Ville également ſait plaire :
Et par mille traits généreux
Fait par tout admirer ſon noble caractère.
Chez les Muſes, Phœbus lui donne un libre accès,
Et d'*Eglé* les brillants ſuccès.*
Sont de ſa ſcience en Muſique
Une preuve bien autentique.

M. DE CHASSÉ.

CHASSÉ tu joins au goût du chant
L'art de l'Acteur le plus touchant.
Si de Mars tu nous peins l'amour & la nobleſſe,
Tu ſembles de Vénus partager la tendreſſe.
Si de rôle il te faut changer,
Et de Daphnis chanter la flâme,
Tu retraces ſi bien les tranſports de ſon ame
Qu'Iſmene adore en toi cet aimable Berger.

* *Ballet en un Acte dédié à Madame la Marquiſe de Pompadour, & repréſenté pour la premiere fois devant le Roi en 1748, ſur le Théâtre des petits Appartements de Verſailles. Ce Ballet, après avoir été extrêmement goûté à la Cour, fut donné à Paris ſur le Théâtre de l'Opéra en 1751, où il a eu un ſuccès prodigieux. Les*

M. JÉLIOTE.

Phœbus, Thalie & Melpomene
Ont épuisé sur toi leurs plus cheres faveurs.
Lorsque tu regnes sur la scene
Tu surprends & ravis les plus grands connoisseurs.
Pour louer le charme suprême
De ta voix & de tes talents,
Huit vers ne sont pas suffisants
Il faudroit un long Poëme.

M. DE LA TOUR.

Latour, sous l'habit de Phœbus,
Comme sous celui de Momus,
A de ces Dieux les avantages
Et réunit tous les suffrages:
Mais quel plaisir ne fait-il pas,
Quand de la Divine Grenouille,
Sous la forme d'une Citrouille,
Il nous offre tous les appas?

parolles sont de M. Lojon, Secretaire des Commandements de S. A. S. M. le Comte de Clermont, & la Musique de M. de Lagarde. Les mêmes Auteurs ont composé ensemble plusieurs autres Ballets, qui ont été representés sur le même Théatre de Versailles, entr'autres Silvie, Leandre & Hero, la Toilette de Venus, &c.

MLLE FEL.

De la tendre Philomele
Fel est le parfait modèle:
Ses accens mélodieux
Sauroient enchanter les Dieux.
Musique tendre & legere,
Air badin, air férieux,
Air barbare, air gracieux,
Dans son gosier tout fait plaire.

MLLE CHEVALIER.

Qu'en toi j'admire de merveilles!
Sur nos cœurs & sur nos oreilles
Tes talents, Chevalier, ont tous les mêmes droits.
Lorsque du tendre Amour tu nous offres la mère,
Ce Dieu nous parle par ta voix.
Mais tout ce qui le defespere,
C'est de te voir toujours au milieu de Cithère
Prétendre te souftraire à ses aimables loix.

Mlle DUBOIS.

Dubois à tous égards enchante,
Sa voix fonore & féduifante,
Ses tendres regards & fes traits
Ont de l'Amour tous les attraits.
Ce Dieu la voit, fans jaloufie,
Occuper fon char triomphal:
Les Graces fervent la copie
Auffi-bien que l'original.

❃

Mlle DAVAUX.

Davaux, qui de Lemaur imite les accéns,
Bientôt à l'Opéra va marcher fur fes traces,
Et par fa voix, fa figure & fes graces,
Des fpectateurs furpris, charmera tous les fens.
Mais l'aimable & fimple Nature,
Qui de fes plus beaux dons partagea cet Objet,
De l'Art méprife la parure
Et du cœur feul éxige fon Portrait.

❃

M. DE LANY.

PAR des Ballets ingénieux
LANY fait briller à nos yeux
Son Art, son Goût & son Génie,
Mais ce Danseur digne d'envie,
Qui du Public fait l'admiration,
Par sa Danse aussi justifie,
Qu'il n'est pas moins parfait dans l'exécution,
Que dans la Composition.

MLLES PUVIGNÉE, DE LANY, ET VESTRIS.

LANY, VESTRIS, & PUVIGNÉE,
Des Graces vous devez suivre la destinée.
Vit-on, plus d'agréments, de talents & d'appas
Dans *Pasithée*, *Euphrosine* & *Thalie* ?
Des Amours la troupe embellie
Vole sans cesse sur vos pas,
Et tous les cœurs suivent leurs traces.
Peut-on, à tant d'attraits, méconnoître les Graces !

MLLE LIONNOIS.

Dans le sexe charmant, dont je suis tributaire,
Le Caprice, l'Orgueil & sur-tout la fierté
Accompagnent, pour l'ordinaire,
Les talents, l'opulence & la moindre beauté.
Mais Lyonnois, à qui tout rend les armes,
Dont les yeux à mon cœur ont livrés tant d'assauts,
Des Belles a tous les charmes,
Sans en avoir les défauts.

PORTRAIT GÉNÉRAL
DE L'OPÉRA.

En sujets les plus grands du monde
L'Opéra dans ce siecle abonde.
Phœbus, Terpsichore & l'Amour
Sans cesse y regnent tour à tour.
Parmi ces sujets la critique
N'a pas communément beau jeu.
Au Théâtre, à l'Orchestre on n'en trouvera peu,
Qui ne fasse l'objet d'un long Panégirique.
J'avois aussi monté mon Violon
Pour rendre à chacun d'eux séparément hommage.
Mais Plutus, qui, selon l'usage,
Protége rarement les Enfans d'Apollon,

N'a pas voulu que j'eusse l'avantage
De faire imprimer tout l'Ouvrage.
Si ce Dieu, dont ma Muse éprouve les rigueurs,
Avoit sur moi répandu ses faveurs,
Alors, au gré de mon envie,
On eut trouvé dans cette Galerie
Les Portraits de PERSON, de GELIN, de POIRIER
Et d'ALBERT & de CUVILLIER.
Avec tout autant de constance
On m'auroit vu rendre hommage à la Danse,
Et dans mon vol audacieux,
Du Zéphir * qui regnat dans les *Indes galantes,* **
Dont les pas vifs, brillants & gracieux
Savoient ranimer à nos yeux
L'aimable Rose *** & tant de Fleurs charman-
tes, ****
De ce Zéphir, à l'Opéra nouveau
Et de ce Parterre si beau
J'aurois ébauché la peinture,
Et n'en déplaise à *Jean Jacques Rousseau,*
Pour peu que j'eusse imité la Nature,
D'*Apelle* jamais le pinceau
N'eut fait un plus charmant tableau.
Enfin si Plutus plus traitable

* *Mlle Raix.*
** *Opéra de M. Rameau.*
*** *Mlle Puvignée.*
**** *Les Dlles des Chœurs & des Ballets.*

Sensible à tous les vains efforts
De mes légitimes transports,
Eut daigné m'être favorable,
LAVALLE, LYONNOIS, VESTRIS,
Ces aimables Favoris
De Terpsichore & des Graces,
LEPY, BEAT, LE LIÈVRE, HYACINTE, DESPLACES
Et tous les autres Danseurs,
Dont les pas sont enchanteurs,
Auroient eu de ma Muse,
Chacun en particulier
Un plat de son metier :
Mais l'impuissance est une bonne excuse,
Et contre elle je ne dois pas
Murmurer même en pareil cas.
Car la rime pour moi toujours inéxorable
Brille en mes vers aux dépends du bon sens,
Et lors qu'une Danseuse aimable
Par ses graces, par ses talents
A la loüer ici m'engage
Le bon sens, ennemi du moindre verbiage,
Dit CARVILLE, où LABATTE & la rime SAUVAGE.
Las d'éprouver ses caprices divers,
De ces sujets, à l'Opéra si chers,
Je ne dirai rien d'avantage,
Tous les jours du Public le glorieux suffrage
Parle mieux pour eux, que mes vers.

F I N.